LA CÉRAMIQUE

ET LA VERRERIE

AU CHAMP-DE-MARS

Tirage à 156 exemplaires, dont :

50	exemplaires	sur papier	vergé.
3	—	—	teinté.
3	—	—	rouge.
100	—	—	vélin.

Caen. — De l'Imprimerie F. Le Blanc-Hardel.

EXPOSITION UNIVERSELLE DE 1878

LES INDUSTRIES D'ART

LA CÉRAMIQUE

ET LA

VERRERIE

AU CHAMP-DE-MARS

par

A.-R. DE LIESVILLE

OFFICIER D'ACADÉMIE
VICE-PRÉSIDENT DE LA 4e SECTION D'ADMISSION ET DE CLASSIFICATION
A L'EXPOSITION UNIVERSELLE DE 1878
MEMBRE FONDATEUR DE LA SOCIÉTÉ FRANÇAISE DE NUMISMATIQUE
ET D'ARCHÉOLOGIE, ETC., ETC.

PARIS

HONORÉ CHAMPION

15, Quai Malaquais

1879

CÉRAMIQUE MODERNE.

DEPUIS la fin du XVIIe siècle, la céramique européenne est restée sous le joug asiatique. Les manufactures de Delft, de Rouen, celle de Meissen et celle de Sèvres, dès qu'elles s'ouvrirent, ont payé un large tribut à l'art oriental. Notre époque aura vu le goût japonais se substituer tout à fait au goût chinois, et le *persano-arabe* occuper uniquement des fabriques entières.

Voilà les deux grands courants qui dominent la décoration dans la céramique actuelle.

L'imitation du style Louis XV et Louis XVI des Saxe, des Sèvres, des Vienne, continue à tenir une grande place, mais elle est reléguée au second plan.

Un groupe de potiers est resté fidèle à l'imitation des terres de Palissy. Enfin, dans la concurrence acharnée qui fait que chacun cherche une spécialité, quelques imitations apparaissent çà et là, comme celles des terres d'Arezzo, et certains genres rustiques. Les majoliques, les émaux de Limoges, fournissent également un contingent aux imitateurs.

Quelques essais purement modernes ont pris aussi une grande importance; par exemple, les bustes décoratifs peints dans des plats, les paysages peints sur plaques, et surtout ce décor de feuillages et d'oiseaux fondus et enlevés en même temps sur des fonds gris-bruns, où il semble que les fleurs et la pâte du fond ont coulé l'un dans l'autre, décor particulièrement associé au procédé de peinture émaillée qui est sorti depuis dix ans environ de l'atelier Laurin et que les autres céramistes s'efforcent de varier et de perfectionner.

Si nous poursuivons l'examen de cet ensemble luisant, doux et éclatant de la céramique, nous y verrons que la recherche de la difficulté y marche parallèlement à la recherche du décor, et que l'on s'efforce de déguiser l'aspect de la matière de toutes façons. Ici la faïence imite la porcelaine, et là-bas celle-ci lui rend la pareille. Voilà du bronze, du jade, des pierres dures, des pierres précieuses, de l'ivoire, du verre, de la laque, du cuivre émaillé, de la corne, du bois, du métal damasquiné, des tissus! Vous le jureriez du moins à trois pas. Point du tout, c'est de la faïence, de la porcelaine dure ou tendre, du grès... Ailleurs, en revanche, on simulera la faïence avec du bois peint ou du verre.

Peu d'industries font autant de recherches que l'industrie céramique; il est vrai qu'elle est stimulée par une vogue extraordinaire.

L'emploi très-varié de la faïence dans la décoration architecturale, son apparition en vastes compositions de paysages et de figures, son rôle dans les chambranles, les linteaux, les archivoltes ou les frises, dateront de l'exposition de 1878. Il y a là un élan, un grand effort, tâtonné durant les années précédentes, et qui aboutit enfin à de très-beaux résultats.

Quelques procédés nouveaux se montrent aussi en France et en Angleterre. Celui qui a le plus d'importance au point de vue décoratif, et qui est la préoccupation des céramistes, — il suffit, pour s'en convaincre, de voir que c'est à peu près la seule chose qui ait intéressé à l'exposition la maison Minton et la fabrique de Worcester, — appartient à M. Deck et consiste dans la création de fonds d'or sous glaçure, cuits avec l'émail, qui produisent un effet superbe.

Les Wedgwood ont imaginé d'appliquer à l'émail la gravure du verre à l'acide fluorhydrique, et M. Goods, associé aux Minton, a gravé directement des eaux-fortes sur porcelaine.

A côté de ces procédés nouveaux, il en est d'anciens qui de jour en jour acquièrent plus de vogue. Le procédé des pâtes sur pâtes transparentes en manière de camée, les ajours rebouchés à l'émail, les terres incrustées, les cloisons que les céramistes prétendent assimiler aux cloisons des émaux de cuivre, mais qui, en réalité, ne sont qu'une manière de cerner, avec une pâte de couleur différente, les contours d'un ornement, le procédé Laurin et les pâtes rapportées que préconise la fabrique Boulenger, de Choisy-le-Roi, les jaspures et les craquelés obtenus par de nombreux recuits : tels sont les principaux moyens industriels de décoration que les potiers aiment à mettre en œuvre.

Sèvres a joué un grand rôle dans la diffusion des procédés, et, comme le rappelle le catalogue de nos manufactures nationales, c'est à celle-là qu'on doit les pâtes colorées au moyen d'oxydes métalliques supportant le grand feu, les applications de pâte blanche en transparence sur fond coloré, les émaux translucides sur porcelaine tendre, les ors modelés, etc. La pâte blanche transparente sur le fond fut remarquée par Riocreux sur une pièce chinoise ou japonaise ; il l'indiqua à Ebelmen, qui en trouva la formule et l'application. M. Solon la transmit aux Anglais. Enfin M. Robert, le directeur actuel de Sèvres, a donné une nouvelle impulsion à ce système de décor. M. Regnault, antérieurement, répandit l'application des teintes céladon changeantes.

En France, nous pouvons rapidement indiquer les quelques hommes qui, en outre, ont introduit dans notre céramique soit un goût particulier, soit un genre technique de fabrication. C'est M. Avisseau père qui, le premier, à côté de Sèvres, par ses imitations de Palissy, a stimulé la torpeur de la céramique. Ensuite,

M. Adalbert de Beaumont, au retour d'un voyage en Orient, et M. Collinot, ouvrirent la série des fabrications *persano-arabes.* Un peu plus tard, M. Deck révolutionna l'art de la faïence, et c'est de sa fabrique qu'est sorti en grande partie le goût japonais. Michel Bouquet s'adonna à la peinture des paysages sur plaques, en y déployant toutes les ressources de la peinture. Le procédé des feuillages Laurin se relie en partie à celui de Bouquet, tous deux peignant sur cru et cherchant à simuler la peinture à l'huile. Tout récemment, enfin, la fabrication des carreaux à reliefs pour emploi architectural s'est développée entre les mains de MM. Parvillée et Müller, de M. Hippolyte Boulenger, de M. Lœbnitz et de M. Deck. Nous ne parlons pas d'une foule de procédés ayant pour but la décoration à bon marché, tels que les applications de chromolithographie, de photographie, etc.

Aujourd'hui l'exposition mêle ensemble tous les décors, tous les genres, tous les procédés, sans qu'on puisse y reconnaître le dépôt successif des sédiments qui depuis quarante ans ont transformé la céramique et l'ont portée en Europe à un développement dont on ne peut prévoir l'arrêt.

La décoration architecturale en faïence est le grand événement pittoresque de la céramique en 1878, comme les fonds d'or de M. Deck en sont le grand événement technique.

La porte des Beaux-Arts, de M. Sédille, tire à nos yeux le parti le plus heureux des plaques ou carreaux de M. Lœbnitz, dont la coloration fine et vibrante est pleine de goût.

Ces fleurs de genre persan, blanches, brunes, gris-vert, en saillie, cernées très-correctement par le fond de terre et traversées de lettres dorées, ont de la fermeté et de la douceur dans leur accord, ce qui est fort rare en poterie. Malheureusement M. Lœbnitz a deshonoré ces beaux carreaux en les dorant d'une manière anti-céramique, c'est-à-dire par l'application de simples feuilles à peine fixées, sans vernis ou glaçure, d'une manière presque barbare et enfantine.

Les figures à la Luca della Robbia, dont MM. Virebent, de Toulouse, ont orné le portique latéral, feraient surtout un excellent effet si l'on s'était ingénié à les détacher sur un fond plus agréable. Mais on peut en tirer de beaux aspects, graves, simples, sculpturaux, qui décoreraient à merveille une église, le tympan d'une muraille dans une salle sévère. Leur coloration peu accentuée, d'un blanc gris et verdâtre, est mieux faite pour l'intérieur que pour l'extérieur, où elle s'évanouit dans la lumière ambiante.

Le grand effort de la décoration céramique réside surtout dans les portails exécutés par M. H. Boulenger et par M. Deck, sous la direction de M. Jaëger, architecte, et avec la collaboration de nombreux artistes. Le triomphe de M. Deck est incontestable. La beauté, la variété des colorations, l'aisance des feuillages, la netteté des plans du paysage et du dessin en général, les fameux fonds d'or qui entourent si bien les deux figures de la Peinture et de la Gravure; les bordures à cloisons de l'archivolte, les carreaux à reliefs du soubassement, tout, malgré les quelques accrocs, les quelques plaques manquées çà et là, est d'un éclat, d'une richesse et, au besoin, d'une légèreté bien remarquables.

M. Boulenger avait tenté, de son côté, une chose fort audacieuse : la cuisson au grand feu de tout cet immense assemblage, afin de lui assurer une espèce d'indestructibilité et d'en faire un motif de fabrication industrielle. Mais l'émail brun prend une place trop considérable dans ses couleurs et son ciel est manqué. Néanmoins il a des détails réussis : ainsi, dans les parties d'encadrement qui imitent les émaux de Limoges, en grisaille sur fond noir, et qu'il a exécutés en relief au moyen de pâtes rapportées sous couverte transparente, ses noirs sont plus francs que ceux de M. Deck. Ce dernier les laisse trop verdir, ainsi que ses grisailles. Au surplus, le noir est une des difficultés de l'émail de poterie. M. Boulenger, qui l'approche le mieux, le fait bleu; nous avons vu que M. Deck le faisait vert; d'autres céramistes, M. Vieillard, de Bordeaux, par exemple, le font violet.

L'emploi des reliefs et certaines plaques plus grandes que celles de son heureux rival, peuvent donner à M. Boulenger une consolation au point de vue de la fabrication.

Mais les côtés d'art, de décoration, la délicatesse relative de la main-d'œuvre et l'invention des fonds d'or, qui vont révolutionner encore une fois la faïence, laissent M. Deck hors de comparaison.

Une exposition extrêmement remarquable est celle de M. Collinot. Tout ce pavillon orné de colonnes, avec son entablement à cellules, ses arabesques en terre s'enlevant en relief sur fond d'émail, et les belles pièces qu'il renferme, entre autres les grands panneaux japonais à fleurs et oiseaux en saillie, si larges, si vigoureux; ses beaux vases, sa fontaine, ses carrelages, forment un magnifique ensemble et assurément le plus bel arrangement d'exposition qu'il y ait dans la céramique. Mais en se cantonnant dans la spécialité qui fait sa réputation, l'imitation asiatique, M. Collinot s'interdit de participer en grand à la décoration de nos monuments publics, qui ne peuvent devenir persans ou japonais; cependant ses colonnes torses, revêtues d'émail vert, seraient un très-bel élément architectural, qu'on pourrait introduire dans des édifices de style européen.

M. Haviland a tenté d'un essai de grande fresque en faïence; mais quoique les tons doux et pâlis soient à la fois une beauté et une difficulté en céramique, il a trop décoloré, effacé les teintes de ses personnages; or la faïence est faite pour donner des aspects fermes, intenses, brillants, et non pour apparaître avec cette espèce de débilité et de pauvreté.

La grande *tapisserie* en carreaux émaillés, avec épaisseurs de pâtes déposées au pinceau, qu'a exposée la fabrique de Creil-Montereau, est confuse dans les plans du paysage, dure dans les personnages et n'a pas plus pour l'œil qu'elle ne l'aura en durée cette solidité qui est la beauté de la décoration en faïence.

Dans l'ordre architectural se classent les carrelages plats ou à reliefs d'un seul ton d'émail, ou par dessins de terres incrustées ou peintes, qui servent soit à former des poêles, des cheminées, soit à carreler des planchers ou à revêtir des panneaux de murailles. Les imitateurs de l'Asie l'emportent ici, tels que M. Vieillard, que M. Parvillée, qui semble aussi avoir essayé des ors sous glaçure, et avec succès lorsqu'il s'en sert pour relever les plumages d'oiseaux; leurs grandes plaques, composées de carreaux assemblés, ont une belle apparence, riche, vive et harmonieuse, et les détails en sont très-soignés.

Les carreaux à reliefs et à couleurs vives qu'on a employés au pavillon de la ville de Paris et dans les montants de fonte des verrières du Champ-de-Mars ont un caractère de fabrication commune, inhérent nécessairement à leur emploi usuel et courant; mais ils constituent un élément nouveau et bien conçu, qui égaie, anime de ses gros boutons floraux, de ses oiseaux élémentaires, les longues lignes verticales, et coupe heureusement les moulures de la pierre et de la terre cuite.

On doit ce décor, pour le dessin, à M. Müller, et pour l'émail à M. Parvillée. Les carreaux employés pour le pavillon de la ville de Paris sont d'un aspect plus vif et plus franc que ceux qui ornent le grand bâtiment du Champ-de-Mars; ces derniers ont été conçus dans une tonalité trop pâle pour se soutenir à l'éclat de la lumière extérieure. C'est pourquoi on ne saurait chercher trop d'intensité, trop de profondeur vitreuse dans les tons d'émail dont on les couvre ; cette profondeur vitreuse est, en revanche, un des bons résultats obtenus par M. Boulenger.

Nous sommes revenus maintenant à la céramique d'*intérieur*. Sèvres tient toujours le premier rang parmi toutes les fabriques publiques ou privées de l'Europe.

Ce qui frappe avant tout dans son exposition, c'est la grandeur des pièces et de leurs formes, la richesse et l'importance des moyens employés pour leurs décorations, le rôle considérable des montures, la vivacité et la délicatesse des colorations, la beauté des pâtes; mais, il faut le dire aussi, l'hésitation et un caractère pénible dans le décor. Le désir de faire nouveau et de surpasser tout rival entraîne à surcharger les pièces et à y entasser des éléments hétérogènes. Ce qui reste le meilleur, ce qui conserve un caractère défini, c'est ce qui est imité des œuvres du siècle dernier. Le reste manque de simplicité, de netteté et d'équilibre. Sèvres introduit le persan et le japonais dans ses décors, et au besoin on y verrait du biscuit en relief, des guirlandes, des moulures en spirales, mêlés par-dessus le marché de rosaces et d'ombelles assyriennes, le tout surmonté de bronze ciselé. Autant le détail, pris en lui-même, est délicat, soigné, autant une garniture d'Amours ou de mascarons en pâte couverte ou en biscuit sera bien modelée et d'une glaçure ou d'un grain fins; autant un fond d'émail céladon, gris, bronzé, rosé, sera soyeux et délicat, autant une pâte transparente se fondra habilement dans les plis d'une draperie pour laisser percer la couleur du dessous; autant sera joliment composé un sujet en camaïeu, ou peinte une scène colorée, et autant l'assemblage des forts reliefs, des peintures, des bronzes dorés ou des bronzes nus, des pâtes transparentes, sera lourd ou maigre. Le vase Chéret, le vase d'Hercule, sont très-pénibles. Le vase de Nîmes a une monture qui rappelle celle des becs de gaz dans un café; oh! Gouthière! Les vases Bertin à têtes d'éléphant, le vase dit d'Entrecolles, n° 53, dont le décor principal simule un treillage; les vases Paris, dits des *Peintres et Sculpteurs,* considérés à la manufacture comme une tentative dans une voie nouvelle, mais si chargés d'ornements raides, hérissés, qui étouffent les arabesques peintes et les pauvres guirlandettes en pâte; le vase n° 183, avec ses branchages filamenteux en pâte, trop maigres et si contournés; le vase n° 249, avec l'enfant peint dans une fleur de *soleil,* entouré de papillons symétriques et jouant au symbolisme égyptien ou hindou, sont des œuvres malheureuses. Bien que le vase Chéret ait eu le prix au concours de 1876, le vase Mayeux, qui a eu le prix en 1875, paraît bien préférable pour l'unité et la simplicité. Nous louerons la belle composition des deux vases du foyer de l'Opéra, par M. Chéret (concours de 1876).

Le grand vase bleu-gris, avec deux enfants assis à la base de son col, serait d'aspect excellent si les figures n'étaient trop grosses pour la dimension de la pièce et ne semblaient près de tomber. Les fonds vermiculés inspirent assez heureusement les décorateurs de Sèvres, comme en témoignent les vases n° 11, avec branchages légers en pâte grise, sur lesquels passent des branchages bleus peints, et les vases Paris, nos 147, 148 et 151, qui ont des allures persanes. La manufacture a abandonné le décor en cartels peints en imitation de tableaux, et elle tend parfois vers les décors élargis, simplifiés, intenses de ton, dont la faïence a pris l'initiative sous l'influence des modèles asiatiques.

Les vases nos 12 *bis* et 48, par exemple, avec leurs grands feuillages bleus, sont très-japonais; le vase n° 47, peint par Mme Escalier; les vases n° 52, de M. Gely; le vase n° 33 et certains vases cylindriques ressemblent à des faïences. Parmi les vases à difficultés, on peut citer ceux dits d'Entrecolles, n° 114, gravés en réserve en pleine pâte par feu Lambert, qui a été un des décorateurs heureux de la manufacture, et les jattes persanes à ajours rebouchés à l'émail. Parmi les décorations les plus réussies, au moins partiellement sinon en totalité, on doit noter celles de M. Dammouse et celles de M. Renard. Les vases dits Boizot n° 61 et la coupe Ducerceau n° 16 sont fort bien décorés par M. Dammouse; la coupe ovale n° 8 a été très-bien *menée* par M. Renard.

Les coupes à torsades n° 9, les bouteilles aux lézards n° 115, les vases *carafes-étrusques* n° 7, de feu Lambert, et n° 49, de M. Richard, le vase n° 112 aux ors chinois, les petits vases dits Clodion n° 158, les vases dits Duplessis n° 14, les vases n°s 179 et 188, fins de tons et de pâtes sur pâtes; le vase-œuf n° 94, à très-beaux médaillons, de Schilt, et le vase n° 99, agréablement peint par Mme Apoil, sont des pièces qui réjouissent l'œil par l'harmonie et l'équilibre. Parmi ces pièces, ce sont les imitations orientales et celles du XVIIIe siècle qui donnent les résultats les plus parfaits au point de vue décoratif, et les grands vases bleu-lapis sans peintures, avec guirlandes de bronze doré, dominent tout.

Parmi les biscuits, ceux de M. Carrier-Belleuse sont remarquables, et parmi les pièces de service il y a des choses ravissantes : les cabarets en imitation d'orfévreries turques ou en imitation Watteau; le cabaret n° 210, si fin et si recherché de travail et de coloration; les tasses à la reine; les tasses ajourées et rebouchées à l'émail, où l'on peut admirer soit l'incomparable pâte blanche, soit la belle palette de la manufacture. Nous signalerons aussi un essai de carreau fort beau, et qui surpasse tout ce que la faïence a tenté en fait de plaques à la japonaise. En résumé, Sèvres est sans rival à cause des ressources dont il dispose; il a une production inimitable dans le détail isolément considéré, soit de la main-d'œuvre, soit de l'art, mais un manque de parti pris, de sobriété, de vigueur et d'harmonie dans les systèmes généraux de la décoration, dès qu'il s'agit de sortir de la tradition du XVIIIe siècle. Sous ce rapport de la sobriété, de la vigueur de la décoration, de l'ampleur et de la fermeté des formes, certaines pièces de M. Deck ou de M. Pillivuyt l'emportent comme résultat décisif sur les tâtonnements modernes de Sèvres, dont l'exposition n'en est pas moins la première de toutes.

Autour de Sèvres, on doit grouper les fabricants de Limoges avec leurs pâtes blanches qui sont les meilleures après les siennes, et avec leurs pâtes transparentes sur fond coloré, devenues naturellement une application propre à intéresser ceux qui faisaient des blancs sur blancs, et nous y joindrons les décorateurs qui imitent le vieux Sèvres.

A Limoges, les maisons Pouyat et Redon se distinguent spécialement; la première par ses blancs pleins à reliefs, par ses ajours simples ou rebouchés à l'émail, par l'emploi de l'émail stannifère sur la porcelaine, par ses grandes plaques et ses plats à reliefs gris et verts cernés d'or, dessinés à la persane par M. Renard, et dans le goût dont M. Dammouse s'est fait le grand propagateur; et la seconde, par ses pâtes transparentes sur fond coloré, dont le même artiste s'occupe beaucoup, par ses bleus et ses noirs, par ses figurines en biscuit et par ses jolies garnitures en reliefs vivement modelés. Quant aux imitateurs de vieux Sèvres, on peut citer MM. Mansart, Klotz, Thomas, Clauss, Germain et Barreau.

La maison Hache et Pepin-Lehalleur rivalise avec Sèvres par ses tasses charmantes et légères, striées, réticulées, perlées, ajourées et rebouchées à l'émail, treillagées à fond gris, ou blanches à décor bleu avec relief blanc sur fond blanc, qui sont d'un goût et d'une finesse tout à fait hors ligne dans l'industrie privée. Ces fabricants sont du Centre, et certes Limoges ne fait pas mieux.

M. Diffloth, pour ses pâtes sur pâtes et ses jolis craquelés, peut être placé sur la lisière de ce groupe.

A propos de Limoges, nous ne saurions passer sous silence l'école des beaux-arts créée dans cette ville sous l'inspiration et la direction de M. Dubouché, le très-savant directeur du Musée céramique. Les résultats déjà obtenus dans cette école promettent beaucoup pour l'avenir.

Notre examen portant plus sur la décoration que sur la fabrication, nous réunissons les fabricants et les décorateurs dans les mêmes catégories. Nous avons déjà signalé quelques fabriques spécialement asiatiques. Celles de M. Vieillard à Bordeaux et de M. d'Huard à Longwy exposent de beaux spécimens et obtiennent des rouges violets de décor mixte et oriental d'un bel effet. Certains plats bleus, chez M. Vieillard, avec figures peintes, ont beaucoup d'éclat et surtout de force; ses tabourets, ses fontaines, sont des œuvres importantes. La variété de ses bleus est remarquable. Quant à la fabrique de Longwy, elle paraît avoir popularisé tous ces menus objets au décor bleu clair à fleurs blanches, jaunes, bleu foncé, en relief léger, maintenant très en vogue, et qui est demi-chinois, demi-persan.

M. Pull est toujours le premier des Palissystes, M. Barbizet en est le second et M. Sergent le troisième, avec de grands progrès. MM. Rigal et Sanejouand ont ressuscité les émaux verts ombrants de la défunte fabrique de Rubelles. La fabrique de Saint-Clément, qui n'a cessé de fonctionner depuis 1758, a repris les faïences de Nancy et tire de nouveaux exemplaires des anciens moules de Cifflée, qui fit ces petites statuettes populaires du Savetier, des Jardiniers, des Marchands, etc. M. Majorelle, de Nancy, poursuit les mêmes imitations; il y a joint de très-grands et beaux vases simulant les laques rouge et verte du Japon. Chacun prend ainsi sa spécialité imitative. M. Samson tient pour le Saxe et le Japon, Quimper pour le Rouen, M. Tortat et M. Montagnon pour le Nevers, M. Lévy pour la porcelaine tendre de Saint-Amand. Les uns réussissent bien les applications d'or, comme MM. Demartial et Talandier, et aussi MM. Jacquet et Blot; les autres, les pierres dures, comme MM. Peyrusson, Aubry; ceux-là les métaux, comme MM. Cellière, Beziat : le premier imite à merveille les bronzes damasquinés. Tel a ses fonds d'argent comme M. Baratte, ou M. Bender. M. Constant a trouvé un canton dans la terre rouge à reliefs imprimés gallo-romains, ou dite d'Arezzo. M. Leclère a pris une sorte de genre rustique consistant en reliefs de feuillages verts sur terre brun-rouge. Chez Mme veuve Souchet, on modèle en terre de même sorte de petites figures qu'on teinte en tons de fresque. Les reflets ont fait la réputation de M. Ulysse; M. Brianchon a inventé ces porcelaines nacrées et opalisées qu'on imite chez M. Sazerat, à Limoges; dans ses émaux verts, M. Gaidan obtient, peut-être par suite d'accidents de cuisson qu'on utilise, des irisations assez curieuses. Le même M. Gaidan donne à la faïence les aspects de la porcelaine ; ses tons doux, fins, s'harmonisant dans le blanc, le gris, le rose, ont eu beaucoup de succès. Les jaspures ont suscité des recherches et de curieuses trouvailles. M. Ernie en a composé une qui est semée d'or, et qui, grise truitée et vaporeuse, flotte comme un manteau d'aurore boréale qui s'éteint dans un fond noirâtre ; elle est très-japonaise. M. Millet, frère du savant chef des pâtes de Sèvres, se distingue par toutes sortes de tentatives dans l'ordre des jaspures et des semis, et sur les pièces que lui fournit la fabrique de Vallauris il étend des émaux tachetés et mouchetés, de la coloration la plus vive ou la plus délicate, de même qu'il fait des émaux ombrants, qu'il grave sur engobe. Il y a en lui un des céramistes les plus fins de l'époque.

M. Dammouse fils a son exposition particulière formée de pièces de choix, très-soignées, très-artistiques, où brillent les pâtes transparentes et les reliefs cernés d'or. Tout près de sa remarquable vitrine se trouve celle de M. Avisseau fils, où deux bustes en terre cuite, aux cheveux et vêtements émaillés, sont d'un grand sentiment. Nous citerons encore M. James, qui s'amuse à imiter les faïences avec ses grès.

Le groupe qui s'est formé autour du procédé Laurin est assez nombreux. On peut y indiquer M. Schopin, MM. Thierry, Bourgeois, Lefront, Houry, Huvelin, M. Artigue, qui obtient des effets fondus d'une grande douceur, et M. Laurin, chez qui l'on remarque par contre des essais différents, parmi lesquels un plat avec une tête de femme d'un ton clair, léger, sur fond blanc réticulé à relief, est une fort jolie chose.

L'analogie d'aspect nous conduit à citer ici, quoiqu'il s'agisse de peinture sur lave et non de céramique, MM. Lefort et Jouve, qui exécutent des paysages très-bien abrégés et de grandes figures excellentes de ton et de bel et chaud effet décoratif.

La grande maison Haviland emploie beaucoup le procédé Laurin; elle y adjoint l'application de figurines en terre cuite qui s'y détachent d'une façon très-heureuse; elle entoure aussi ses vases de grands feuillages en reliefs très-hardis. Avec M. Haviland nous voici arrivés chez les grands faïenciers. Ce qu'on peut noter de plus beau dans son exposition, ce sont les imitations d'émaux sur cuivre relevés de traits d'or.

M. Deck a toujours ses plats et ses plaques à figures ou à compositions ; il y applique à présent ses fonds d'or. Ses vases fermes à forme de bronze, ses émaux bleus, verts, ses belles assiettes rhodiennes, le vase au sphinx, enfin sa statue de Palissy aux tons pâles et satinés, ainsi que ses émaux translucides et ombrants sur cloisons, continuent à affirmer sa supériorité.

La maison Pilivuyt est forte à la fois dans la faïence et dans la porcelaine. Dans la faïence, ses grands vases verts ceinturés de reliefs gris foncé, ses assiettes à bordures et fonds différents de couleurs avec reliefs, son aiguière et son plateau à fond noir et reliefs grisaille d'une grande netteté ; dans la porcelaine, ses services gris ou à bordures d'or sur bleu, lui assignent une place importante à l'Exposition.

Les essais de M. Boulenger, de Choisy-le-Roy, sont fort intéressants. Il exécute des bleus avec ors, très-puissants, ainsi que des pâtes rapportées, divisées par des cloisons. C'est une maison qui apparaît dans la voie des tentatives artistiques et qui déjà se classe parmi les plus distinguées.

M. Champion, sur une plus petite échelle que les précédents, expose de belles pièces à émail intense et à reliefs énergiques. M. Rousseau expose son service dessiné et peint par M. Bracquemond, dans le goût japonais, et qui fut, il y a douze ou treize ans, une grande innovation dans le décor de la faïence usuelle. Le plat avec Amours de petit relief entrelacés est une fort jolie pièce, et, ainsi que les vases ornés de poissons, témoigne que cette maison se tient au niveau du mouvement.

MM. Barlioz et fils ont envoyé un grand vase dont la panse représente une carapace de tortue et qui est décoré de grandes plantes retombant autour du col, et de trophées de poissons, œuvre assez forte de coloration, mais lourde d'aspect. Enfin, les puissantes fabriques de Gien et de Creil abordent maintenant tous les genres d'imitation et d'exécution, et Creil se distingue par des recherches assez fines.

En résumé, une céramique très-brillante, très-variée, mais surtout imitative, voilà la céramique française. Le Japon, la Perse et l'art musulman lui donnent ses plus beaux accents. Dans le détail des couvertes, nous sommes arrivés à n'avoir presque plus rien à envier à l'Asie; mais comme décors, nous n'avons rien trouvé de français, d'européen, de décisif depuis le XVIIIe siècle.

La formule d'un décor européen correspondant à nos besoins, à nos habitudes, aux objets usuels de notre existence, reste encore à découvrir. La décoration monumentale nous la donnera-t-elle ? Peut-être.

Les qualités d'exécution d'un décor, la fermeté et la finesse des tons, du dessin et de la composition, nous pouvons toujours y rappeler les artistes, et ils savent entre eux ces choses-là aussi bien que nous; mais l'esprit, le sentiment d'un décor, voilà ce qu'on ne peut se flatter de leur imposer et ce que tous nos efforts doivent tendre à faire renaître.

Nous sommes savants, et nous aimons que les choses qui nous entourent nous parlent de l'extrême Orient, de Rome, de la Renaissance, etc., et pendant longtemps encore, jusqu'à ce que nous en soyons saturés, les imitations de tous les pays et de tous les temps feront les beaux jours de l'art industriel français.

La même chose se passe plus visiblement encore en Angleterre. La céramique y est dominée par le Japon, ensuite elle passe à la Renaissance, au moyen âge et à l'antiquité. La fabrique de Worcester, qui a repris le biscuit appelé *parian*, à cause de sa soi-disant ressemblance avec le marbre, biscuit qui avait fait le succès de la maison Copeland en 1855, sous son apparence d'ivoire, obtenue par les phosphates, est presque tout entière vouée au japonisme. Cette fabrique a un goût très-fin dans ses imitations, elle applique magistralement les ors au décor; elle obtient des ajours extrêmement subtils et elle les retouche à l'émail *coloré*, comme on fait à Sèvres. Mais c'est une maison délicate, et qui ne tente pas de grandes pièces, se contentant de ses pâtes fines et de ses beaux émaux ; maison très-redoutable pour l'avenir toutefois.

La maison Wedgwood est venue avec sa gravure à l'acide fluorhydrique sur émail qui enlève le dessin en décoloré et en dépoli sur la couverte brillante, et donne une grande acuité au contour des ornements ou des figures ainsi gravées sur un bleu ou vert noir à transparence très-profonde; elle a apporté ses traditionnelles pâtes blanches, toujours fort gracieuses, et quelques formes de vases à décor bleu sur blanc et à reliefs, tels que les vases aux cygnes. La fabrication de

Wedgwood paraît un peu froide maintenant et sa sévérité austère ou élégante lutte mal contre la fantaisie japonaise. Sans ses terres crémeuses, modelées en figurines, elle sentirait presque le protestantisme.

La maison Minton est toujours la plus puissante, celle qui a les plus grandes pièces, la production la plus variée, et assurément elle fabrique de belles choses, et des choses difficiles à fabriquer. Elle a tenté de reproduire la faïence d'Oiron avec ses incrustations, et certaines petites pièces de cette imitation sont réussies. Les Minton font du vieux Sèvres, ils font beaucoup de japonais, ils ont des bleus et des rouges bruns superbes, ils exécutent des dessins très-délicats, des ors incrustés et appliqués, de grands vases à grands feuillages peints très-décoratifs, des plats à reflets rouge et or, des jaspures jaunes et violettes très-vigoureuses, des imitations d'émaux cloisonnés, des dentelles trempées, des pâtes transparentes sur fonds noirs, tandis que nous ne réussissons pas ces fonds noirs et que nous n'essayons pas d'y placer des pâtes transparentes; ils ne *montent* pas leurs vases, mais en imitent les montures en céramique; ils ont des plats peints d'après les portraits de Reynolds d'un ton jaune et rouge extrêmement chaud, gras et nourri, qui rend contestable le système de tonalités claires et presque plates que nous avons adopté pour nos têtes peintes, dans des plats; la figure intitulée *Luna,* dans un de leurs plats a ce ton gras et nourri qui semble préférable au nôtre. En un mot, la maison Minton est pour l'ensemble de la fabrication, la beauté générale et la variété des produits l'une des premières de l'Europe. Ce n'est que par certaines pièces opposées à d'autres que nos premiers céramistes l'emportent sur elle.

Quant aux carrelages, où elle a été ramenée au goût moyen âge et Renaissance par le mouvement architectural *jacobite, reine Anne,* et des temps antérieurs, l'Angleterre nous surpasse par la variété, la beauté des jaunes sur brun, la recherche des dessins. Cette supériorité est toute naturelle, si l'on pense à l'emploi bien plus fréquent qu'on fait depuis longtemps de ce moyen de décoration dans ce pays, où la mode est revenue de revêtir les cheminées, et elles sont grandes, de carrelages peints ou incrustés. MM. Dunnill et Craven, surtout MM. Mow et Cie, et Minton, etc., ont de très-belles expositions de cette espèce. Toutefois, on n'a pas en Angleterre de ces carreaux à relief tels que ceux de nos bâtiments de l'Exposition, qui sont une création bien française et dont nous avons parlé plus haut.

La maison Doulton s'est fait une spécialité des grès émaillés, en vases, en revêtements, en balustrades, en fontaines; ses balustrades surtout sont extrêmement curieuses et peuvent jouer à leur tour un beau rôle dans la décoration architecturale.

Après l'Angleterre se distinguent l'Italie et l'Autriche. La fabrique Ginori avec ses majoliques, ses plats à reflets, ses porcelaines de Capo di Monte à reliefs et peintes au pointillé, avec ses coussins si bien imités mais assez puérils, tient la tête en Italie et est une des belles fabriques imitatives de l'Europe. Quelques autres céramistes italiens suivent les traces du marquis Ginori, et d'autres en sont arrivés à imiter d'une façon presque *dangereuse* les vases antiques; mais s'ils veulent être plus dangereux encore, nous leur conseillerons de mieux étudier les mascarons en terre non couverte qui ornent les anses des vases apuliens et campaniens.

L'Autriche a de beaux grès et s'applique à des imitations de l'ancien Vienne couvert de dorures, ou à des imitations de Saxe et de Perse.

Les poêles de la Suède et de la Suisse se ressemblent et sont d'un goût médiocre avec leurs glaces. La fabrique Rorstrand a conservé les formes rocailles de la faïence suédoise du XVIIIe siècle. On estime assez ses imitations métalliques.

Une fabrique du duché de Luxembourg fait des grès très-durs. La Suisse a ses poteries originales à fonds noirs bruns et à décors du genre des anciens grès foncés. La Belgique imite le Japon et le Delft bleus, et, pour le reste, ce qui se fait en France et en Angleterre. La Hollande n'a envoyé qu'une pauvre imitation des Delft.

L'Espagne et le Portugal sont intéressants par le caractère populaire et mauresque de leur poterie à taches jaunes et vertes, poterie dont l'influence a embrassé l'Italie et la France méridionales. Les guirlandes florales empruntées aux bordures de tapisseries inspirent souvent les faïenciers de ces deux pays. Le Portugal s'adonne aussi aux imitations de Palissy.

En Danemark on suit encore quelques traditions de l'ancienne fabrique royale, dont on y voit un service à décor scientifique botanique, qui dut être imité lui-même d'un décor célèbre de la fabrique de Tournai au XVIIIe siècle; on imite aussi dans ce pays les boîtes à fleurs de Spa, en se contentant de peindre le décor sur une couverte noire, sans le cuire. En Russie, nous ne voyons que deux grands poêles sans intérêt céramique et les essais personnels d'un peintre, M. Égoroff, qui exécute des espèces de sujets byzantins et des figures populaires sur des plats et des assiettes, non sans talent d'ailleurs. Le petit pays de Monaco a sa fabrique de poterie, imitant surtout des paniers et des bouteilles en osier entourées de fleurs, d'un genre rustique assez joli.

Nous avons laissé de côté jusqu'ici, mais pour la réunir en un seul groupe, la céramique amusante, humoristique ou populaire. L'Espagne, par exemple, peint sur ses carrelages des scènes de tauromachie, et elle fabrique des formes pour corsets, en grosse terre vernissée, qui sont d'un aspect aussi divertissant que nos grandes poupées en carton pour les modistes. On connaît ces livres à images coloriées pour les enfants, représentant d'étonnantes aventures d'animaux, où les Anglais ont toujours excellé. Ils ont transporté ce genre d'images dans la céramique et décorent les assiettes, les pièces d'un service avec des scènes fort spirituelles de la vie du poulet et de celle du lapin. L'*humour* en est un peu japonisée, et la fantaisie comique n'y perd pas. On est entré en France dans la même voie, et Creil expose un service en terre de pipe ou cailloutage à fond crémeux et ornements bruns, où d'une manière piquante et légère les personnages européens sont plantés et teintés à la japonaise au milieu d'incidents de notre vie. La maison Pillivuyt a aussi un service amusant avec l'histoire du rat, et un service avec les allégories de la table et de la nourriture, de même ordre que celui qu'on voit à l'exposition de la maison Wedgwood. En Suède, on peint des silhouettes et des costumes populaires dans les assiettes. Chez nous, la maison Haviland a varié l'ancienne botanique de Tournai et de Copenhague en jetant sur un service des plantes marines, fines de détails et de tonalités. Enfin Monaco a mis le portrait, des vers et la signature de Monselet dans des assiettes.

Depuis les Grecs avec leurs statuettes de Tanagra et d'Éphèse, la terre cuite nue ou coloriée s'est transformée en innombrables figurines naïves, savantes ou prétentieuses; le grès, le biscuit, l'argile, se sont prêtés en tous lieux à la création de ce petit peuple de groupes et de statuettes.

Les plus intéressantes sont les moins sérieuses, celles qui sont simples, spirituelles et un peu populaires. Dès que l'on reproduit les œuvres classiques et supérieures de la statuaire, un caractère de liberté, de gaieté, de naïveté ou de gentillesse *sui generis* a disparu, qui plaisait dans ce monde de petits êtres pimpants, drolatiques ou pleins de naturel. A l'Exposition, la supériorité reste toujours à ces figures de métiers coloriées ou habillées d'étoffes que de longue tradition on fabrique à Naples, en Espagne et au Mexique. Elles ont plus d'expression et moins d'afféterie que les autres. Quelques petits biscuits de notre fabrication, représentant de jeunes dames en costume actuel ne manquent pas de grâce ni de piquant. Mais, en général, on ne sait pas colorer ces pièces chez nous, et les notes de la couleur gâtent presque toujours le résultat obtenu avec la terre nue. M. Ladreyt s'est créé un genre avec ces statuettes, et parmi leur foule il y en a plus d'une qui est fort amusante. M. Blot, de Boulogne, a quelque naïveté dans ses pêcheurs, et les maisons Peullier et Laroche exposent certaines pièces délicates. Les petits personnages de la fontaine en grès émaillé de Doulton, exécutés par M. Timvorth, doivent compter parmi les meilleurs de cette série. Il faut espérer que les figurines d'Italie et d'Espagne, les Saxe et les Sèvres, et aussi les petits personnages de Cyfflée, mais surtout les

Tanagras, inspireront aux artistes voués à ce joli petit art des idées de vivacité, de grâce, de naturel charmant qui leur manquent encore; la raideur lisse et la prétention maniérée ont besoin d'être chassées de là.

Si d'un coup d'œil général nous embrassons maintenant l'ensemble de la céramique moderne, nous verrons la décoration architecturale assurer pour le moment la prééminence à la France. Nous reconnaîtrons la tendance de l'Angleterre à un goût souvent plus délicat que le nôtre et porté à *transcrire* le décor asiatique plutôt qu'à l'imiter aussi directement que nous le faisons. Mais nous trouverons dans notre pays un mouvement plus vif, une sonorité de tons plus grande, et beaucoup plus de sentiers interrogés. Dans les autres pays, même en Italie et en

Autriche, nous ne saurions constater de mouvement céramique, bien que de grands efforts particuliers soient tentés par les Ginori, les Fischer, les Szolnay.

VERRERIE.

Depuis 1867, la verrerie a fait de grands progrès, et plus d'un problème alors posé a été résolu dans ces dix dernières années.

Les verriers font du verre ce qu'ils veulent et lui donnent toutes les apparences : porcelaine, laque, bronze, cuivre. Nous avons déjà vu, à la Céramique, qu'une des grandes préoccupations du fabricant est de simuler avec une matière donnée toutes les autres matières, s'il est possible. Le verre n'a pas échappé à cette manie.

Les irisations, les colorations les plus variées, l'aventurine, l'or chiné et craquelé, l'or dans la pâte, les verres à deux et trois couches, les jaspures les plus compliquées, les émaux les plus fins et les plus épais, l'emploi simultané de la roue, de la pointe et de l'acide pour la gravure, le perfectionnement du coulage et du rapportage, enfin la multiplicité des moyens et des ressources dont dispose la fabrication du verre devient presque un sujet de stupéfaction, lorsque, après avoir jeté les yeux sur ces étalages, pareils soit à une nappe de neige toute frissonnante, soit à des émincés de pierres précieuses, on se met à regarder les objets un à un.

Comme tendances décoratives, en Italie, le verre antique et les verres de Venise; en France, l'émaillerie arabe et l'imitation des formes céramiques ou métalliques japonaises; en Angleterre, sous l'influence du vase Portland, la fabrication du verre à deux et trois couches, la taille et la gravure extrêmement soignées; en Autriche, l'arabesque émaillée sur fonds bleus, rouges, transparents ou opaques, les grandes bordures d'or, l'imitation des vases en porcelaine et la tradition de la gravure ; puis partout les irisations et le retour à l'horrible taille à facettes et aux fleurs rapportées : voilà les principaux mouvements généraux qu'on peut signaler.

Au point de vue de la délicatesse, de la recherche, de la coloration variée, c'est peut-être la Compagnie de Murano qu'il faut mettre en tête de toute la verrerie, en donnant à M. Brocard une place presque égale. A Murano on recommence l'ancienne fabrication vénitienne, si compliquée et si hardie. M. Brocard fait revivre les verres émaillés arabes qui inspirèrent celle-ci. Si l'on prend les ensembles, la France témoigne d'une grande supériorité par la nouveauté, la recherche des formes, les essais divers, la beauté croissante de la matière, le goût qui se maintient. Pour les grandes pièces, la fabrication du verre blanc transparent, l'Angleterre lui tient tête, tandis que l'Autriche, représentée surtout par la grande maison Lobmeyer, remporte le succès pour la décoration de la verrerie usuelle colorée. Mais nulle nation, si elle a ses supériorités ou ses nouveautés sur tel ou tel coin de terrain, n'embrasse à l'Exposition un champ aussi vaste que la France, et ne peut lui être comparée.

Une des raisons, peut-être, qui font nos succès en céramique et en verrerie, c'est qu'à l'exemple des Chinois et des Japonais nous avons une foule de petits ateliers où l'on invente maints procédés, où l'on soigne une spécialité; les grandes maisons ont une incomparable force d'impulsion, mais c'est d'ordinaire au fond de ces petits ateliers qu'ont lieu les recherches délicates, artistiques.

La finesse, la plénitude, la diversité de l'émail, la richesse du décor, la beauté des ors, sont le triomphe de M. Brocard, dont nous ne révélons le mérite à personne. M. Pfulb se rapproche de M. Brocard et a des réussites dans ses pièces vert clair, sa bonbonnière, son verre à rinceaux bleus et blancs. M. Jean, fils du céramiste, est heureux dans ses irisations prismatiques, ses nuances changeantes ornées de fleurettes en émail et de dessins gravés. Il a obtenu d'étonnantes imitations des irisations métalliques qu'on remarque sur les verres antiques. Voilà un de ces petits ateliers féconds en trouvailles et que dirige un goût distingué. On doit aussi à M. Jean fils des faïences à reflets fort intéressantes.

MM. Ducan et Duponthieu, à Créteil; M. Ernie, dont nous avons cité les faïences jaspées, ont aussi des verres émaillés d'imitation arabe qui sont jolis. Chez M. Galli, de Nancy, on peut indiquer le retour à un décor de fins branchages ou de petites figures en noir, mêlées à l'émail et aux filets d'or, qui est plein de goût. M. Galli obtient de beau verre noir et le grave en creux en cernant çà et là le contour d'un peu d'or, comme dans son petit vase aux chats. M. Rousseau déploie non moins de goût dans ses verreries à formes et décors japonais en partie teintés et émaillés, à fond enfumé, et ses imitations de vieilles pièces.

La cristallerie de Sèvres expose beaucoup de verreries à facettes. Curieuses au point de vue de la fabrication, les facettes multiplient les points lumineux, alourdissent les formes et ont un aspect *commun*. Trop de gravure a le même défaut d'aspect commun. Le charme du verre est dans sa transparence et sa légèreté; il ne faut pas trop le dépolir ni trop le charger. Mais un verre d'un joli galbe, avec une simple gorge gravée, un chiffre d'or ou d'émail, tout au plus quelques fleurettes et des branchages linéaires : voilà le vrai décor en verrerie, croyons-nous. La cristallerie de Sèvres a de ces pièces légèrement ornées et fines de matière.

La fabrique de Saint-Ouen se distingue par des services à bière émaillés blanc et or sur bleu, des verres taillés en spirale, un verre à intérieur doré recouvert de fleurs en émail de relief, et nombre de pièces usuelles gravées et légères d'ornementation. — La fabrique de Portieux expose de grands vases peints imitant la porcelaine, d'autres imitant la laque, l'agate, un service à larges fleurs gravé en creux, des verres colorés d'un ton agréable, des pièces simulant les incrustations d'argent. — La fabrique d'Aubervilliers a envoyé de très-beaux vases simulant la laque noire à dessins d'or, dont les applications d'or sont fort belles;

elle imite parfaitement les nacres incrustées, elle *feint* très-bien la faïence de Rouen, le tout sans préjudice des facettes et verres habituels à gravures.

MM. Monot et Strumpf, à Pantin, présentent aux yeux du visiteur un grand et bel ensemble parsemé d'essais nouveaux. Leur aventurine est brillante, chaude et fine. Leurs chinés or et leurs chinés or craquelé sont une création, une de ces inventions tant à la mode qui déguisent absolument la matière employée. Ils ont de jolis verres émaillés; ils reproduisent les formes vénitiennes et le verre opalin. Ils font de tout : des verreries à facettes et des services délicats ou larges de galbe à chiffres et fleurettes émaillées ou gravées avec de légères bordures d'or.

La cristallerie de Clichy soutient sa réputation; les services à chiffres pleins de légèreté, les coupes à fleurettes émaillées, les pièces gravées dont cette fabrique a été le grand propagateur en France, les verres à facettes, l'imitation des pierres dures, les ors tulle avec fleurs et chiffres, les pièces à semis gravé, les verres simulant une sorte de nacre, enfin des vases mixtes entre l'aventurine et l'or chiné, et en général des formes élégantes : tel est le dessus de son panier.

Ces deux dernières fabriques tiennent le premier rang après Baccarat, dont les innombrables produits, groupés autour de son grand kiosque de cristal, dominent toute la verrerie de France et d'Europe. Les lustres, les tables, la fabrication colossale, se développent ici, en même temps que l'étude des pièces fines est poussée à sa dernière limite, ainsi que la beauté du verre. L'usuel et l'extraordinaire se côtoient dans cet incomparable étalage. Nous y citerons le service gravé aux armoiries anglaises, le surtout monté en bronze doré, les services à chiffres ou armoiries avec bordures d'or, les verres gravés à formes japonaises, le beau seau imité d'une pièce de cuivrerie, les verres arabes, les imitations de porcelaine peinte, les lampes et vases blancs et noirs à décor doré, l'échiquier en blanc et noir mats, les lampes à fond noir, décorées de fleurs en émail de relief, les boîtes en pâte grise, la foison de services et grandes pièces à facettes, les reproductions de Sèvres lapis et de verreries de Bohême, les éléphants-cave à liqueurs, et bien d'autres objets. La tendance de Baccarat est pratique. On s'y inquiète peu du vénitien, qui est *anti-maniable;* la pièce de Baccarat est presque toujours commode à la main, au contraire.

Le goût décoratif y est léger, sobre, bien approprié à la substance ; de là vient cette merveilleuse apparence de neige que prennent les groupes de sa production.

L'Italie ne songe nullement que le verre puisse servir à boire, à contenir. Recopier tout ce que Venise fit jadis, toute cette verrerie d'étagère, d'amusement, de difficulté, reconstituer les jaspures du verre antique, recommencer les ors sablés ou étalés en dessins entre deux couches de verre : voilà ce que fait l'Italie, c'est-à-dire Venise, car elle seule expose. C'est à M. Salviati qu'on doit cette renaissance. Il a fondé, il y a dix ans environ, la compagnie de Murano, puis il l'a quittée et a établi une fabrique rivale sous son nom personnel.

Parmi les productions de Murano, il faut citer les verres chrétiens à dessins d'or entre deux couches, les verres à sujets peints en émail, les murrhins ou simplement verres jaspés antiques, la reproduction agrandie du verre de Strasbourg, monté sur pied, avec l'inscription en bleu et son réseau en rouge-brun. On se rappelle que ce verre célèbre fut trouvé en 1825, que l'inscription donnait le nom de l'empereur Maximien, et qu'on le croit fabriqué en Gaule. M. Salviati suit de très-près les traces de son ancienne fabrique. On peut mentionner aussi M. Candiani, dont certaines pâtes sablées d'or et d'argent sont très-intéressantes. Venise, avec ses flacons, ses perles de couleur, a d'ailleurs toujours conservé une partie de ses vieilles traditions verrières, et il ne fallait que souffler un peu sur la cendre pour raviver le feu. Ces brimborions de la petite fabrication vénitienne sont du reste bien supérieurs en goût, en colorations, à tout ce qui se fait ailleurs en bimbeloterie de verre. Celle de la Bohême, par exemple, paraît à côté bien vulgaire.

C'en est fait, ce semble, de cette verrerie de Bohême avec ses colorations jaune et rouge si communes, sa gravure *bourgeoise;* aussi les fabricants de Bohême commencent-ils à chercher autre chose, comme M. Moser qui imite en émail et or l'orfèvrerie arabe, et tente des fleurs japonaises sur verre entièrement doré. A Vienne, M. Brunfond se livre consciencieusement à la confection des étoffes en verre filé, brillantes et un peu raides. La maison Lobmeyer maintient et développe à l'état artistique les traditions de Bohême. Son exposition est très-variée. Les verres teintés rouges, bleus, verts, à bordures d'or, à sujets en camaïeu rose, à arabesques en émail blanc, les anciens verres allemands vert foncé à armoiries, figures, feuillages en émail de ton vif et cru, les imitations de porcelaine, celles de la verrerie arabe : voilà ses grandes opérations. Puis viennent ses blancs neigeux craquelés, les irisations opalines et prismatiques, les réticules, les petits pots à deux couches avec ovales transparents, l'argent et l'or sablés dans la pâte. Enfin, comme objets de premier ordre, de très-beaux spécimens de gravure fine soutiennent hautement la vieille réputation de la Bohême.

Comme nous l'avons dit, le fameux vase Portland ou Barberini exerce une grande action sur la verrerie artistique anglaise. Chaque fabricant tient à honneur de montrer des reproductions de ce vase ou des essais analogues. Dans la vitrine

Hodgetts Richardson, on voit le vase avec ses deux couches blanche et bleue non encore travaillées, à côté du vase où il ne reste plus que le sujet taillé et gravé en blanc sur le bleu.

Ces essais se vendent des prix fous, et cependant ils commencent à devenir nombreux. Il est permis de croire que la gravure à l'acide en facilite le travail préparatoire.

La grande exposition anglaise est celle de MM. C. Osler, qui ont envoyé tout un ameublement gigantesque en verre. Ils produisent des lustres immenses en longs enroulements, du jet le plus hardi.

MM. Webb et Cie ont aussi une belle exposition. Ils ont imaginé le verre à trois couches, où l'ornement gravé prend des tons très-doux par la transparence des couches l'une sur l'autre. On leur doit un cristal-bronze à irisations, des verres à la vénitienne, quelques lustres-appliques à branches striées assez jolis, de très-beaux spécimens de gravure, des pièces très-fines, les facettes obligées, des applications malheureuses de boutons, coquilles, fleurs, aigus et pointus, enfin des teintes bleuâtres et verdâtres dans la pâte très-réussies. Ils rivalisent avec nos grands fabricants, mais sans montrer autant de variété. Les tentatives japonaises en verrerie et l'émaillerie sont peu développées en Angleterre, où, par contre, on obtient une grande légèreté de pâte, et on grave avec beaucoup d'application.

A la suite de ces visites dans les sections de la fabrication d'art industriel moderne, l'impression définitive est celle d'un progrès constant, d'une amélioration continuelle de l'aspect général, puisque l'art antique, l'art oriental, celui de la Renaissance, sont copiés et recopiés sans cesse et constituent un fond élégant, capricieux, ferme, où se perdent les défauts des essais plus ou moins indépendants et nouveaux. Mais ne serons-nous donc que l'âge des copistes?

Caen. — De l'Imprimerie F. Le Blanc-Hardel.

OUVRAGES DE M. A.-R. DE LIESVILLE :

Catalogue des mollusques vivants aux environs d'Alençon; in-8°	1 fr.	» »
Un mot sur l'*Hélix cincta;* in-18	1	» »
Examen critique et impartial de la théorie de l'éducation antérieure; in-18	1	» »
L'Académie et l'Éducation antérieure; in-18	0	50
De la décadence de l'art dramatique; in-18	1	» »
Guide du voyageur à Bagnoles-les-Eaux (Orne); in-18	1	50
Vues de Cherbourg. Album épuisé.		
Recueil de bois ayant trait à l'imagerie populaire; un volume in-folio, épuisé.		
Noms des collectionneurs d'histoire naturelle en 1767; in-18, épuisé.		
Rapports sur l'enseignement insectologique en 1874-1875-1876	1	50
Six heures à l'Exposition de Caen (août 1873)	3	» »
Les artistes normands au Salon de 1874	3	» »
Les artistes normands au Salon de 1875	3	» »
Les artistes normands au Salon de 1876	3	» »
Les artistes normands au Salon de 1877	3	» »
Les artistes normands au Salon de 1878	3	» »
Coup d'œil général sur l'Exposition historique de l'art ancien (Palais du Trocadéro, 1878)	5	» »

HISTOIRE NUMISMATIQUE

DE LA

RÉVOLUTION DE 1848

Quatre livraisons en vente. . . . . . . 10 fr. chacune.

HAMET ET A.-R. DE LIESVILLE :

Galerie des apiculteurs célèbres, épuisé.

www.ingramcontent.com/pod-product-compliance
Lightning Source LLC
LaVergne TN
LVHW020450230826
846091LV00004B/1629
* 9 7 8 2 0 1 3 6 1 1 2 3 7 *